O Enxame da Sabedoria: Lições das Abelhas para a Mente Humana

Albert Kremer

Published by Start, 2024.

While every precaution has been taken in the preparation of this book, the publisher assumes no responsibility for errors or omissions, or for damages resulting from the use of the information contained herein.

O ENXAME DA SABEDORIA: LIÇÕES DAS ABELHAS PARA A MENTE HUMANA

First edition. October 22, 2024.

ISBN: 979-8227979971

Written by Albert Kremer.

Sumário

O Enxame da Sabedoria

Lições das Abelhas para a Mente Humana

Autor: Albert Kremer

Introdução – O Enxame da Sabedoria

As abelhas têm fascinado a humanidade por séculos, inspirando mitos, ciência e filosofias profundas. Pequenos insetos que carregam dentro de si uma sabedoria ancestral, revelada tanto pela sua organização impecável quanto pelo simbolismo que representam: cooperação, resiliência, disciplina. O simples ato de observar uma colmeia nos transporta para um universo de ensinamentos sobre a vida em comunidade, o trabalho conjunto e a importância de cada indivíduo em um coletivo. E assim, à medida que mergulhamos nas lições que essas pequenas criaturas nos proporcionam, descobrimos que sua sabedoria tem uma conexão direta com a mente humana.

Este livro é um convite para uma jornada de autodescoberta, onde o comportamento das abelhas serve de espelho para refletirmos sobre nossa psique, nossas relações e nossa forma de existir no mundo. Em um universo de complexidade e simplicidade coexistindo harmoniosamente, as abelhas nos mostram que o segredo do sucesso — seja na colmeia ou na vida — está na conexão entre o individual e o coletivo. Elas não são seres independentes, e tampouco nós o somos. Assim como cada abelha tem seu papel essencial dentro do enxame, nós também temos o nosso papel no vasto coletivo ao qual pertencemos, seja na família, no trabalho, ou na sociedade.

O que podemos aprender com as abelhas? Como podemos aplicar suas lições em nossas vidas, tanto em nível emocional quanto mental? Este livro procura responder essas questões, trazendo uma reflexão profunda, mas acessível, sobre a sabedoria do enxame e suas implicações para a mente humana. Não apenas teoria, mas práticas simples e exercícios que podemos adotar para alinhar nossa psique à lógica do coletivo, ao mesmo tempo em que cultivamos nossa individualidade.

Ao longo dos capítulos que se seguem, você será convidado a explorar a mente coletiva como um conceito psicológico e espiritual, entender a importância da resiliência no trabalho e na vida, e descobrir como a ordem interna é a chave para a paz mental e para uma vida mais equilibrada. Iremos também refletir sobre como a comunicação clara e a cooperação podem transformar nossas interações, e como o propósito é o alicerce de uma existência plena e significativa.

Tudo começa aqui, com a sabedoria das abelhas. Elas nos ensinam a importância da cooperação, da adaptação e da comunicação. Na colmeia, não há pressa, mas também não há atrasos. Cada abelha sabe exatamente o que fazer, e faz com perfeição. E assim, o que parece ser o movimento caótico de centenas de pequenos seres, é, na verdade, uma coreografia perfeita de interações que visam o bem maior. Tal como as abelhas, podemos aprender a harmonizar nossos movimentos com os ritmos invisíveis da vida.

A mente coletiva é um dos primeiros conceitos que abordaremos. Inspirados pelas colmeias, perceberemos que a psique humana também é moldada por suas interações sociais. Desde o nascimento, somos parte de um "enxame" invisível — um vasto campo de influências e relações que moldam nossa identidade e nosso comportamento. Como seres sociais, nossa força está na união e na compreensão de que somos interdependentes.

Neste ponto, vale a pena lembrar o conceito de inconsciente coletivo, trazido por Carl Jung, que nos ensina que há uma parte

4

da mente humana que é compartilhada por todos, onde residem arquétipos e símbolos universais. Assim como a rainha guia a colmeia, nossa psique é guiada por forças invisíveis, moldadas pela interação com o coletivo. E quanto mais reconhecemos isso, mais podemos trabalhar conscientemente para moldar nossa própria psique em harmonia com o mundo ao nosso redor.

Mas o que dizer do indivíduo? Será que, em meio a esse enxame, perdemos nossa individualidade? Muito pelo contrário. Assim como cada abelha desempenha um papel único dentro da colmeia, nós também somos responsáveis por nossa própria contribuição ao mundo. No entanto, essa individualidade só atinge seu potencial máximo quando inserida no coletivo. A verdadeira sabedoria está em encontrar o equilíbrio entre o "eu" e o "nós".

Vivemos em um mundo que muitas vezes exalta o individualismo, mas as abelhas nos mostram que a verdadeira força está na cooperação, na confiança mútua e na interdependência. Sem o enxame, a abelha perde sua força e sua razão de ser. E nós, humanos, muitas vezes nos esquecemos dessa verdade. A modernidade nos empurra para a crença de que somos autossuficientes, mas a sabedoria das abelhas nos convida a rever essa ideia. Somos, em essência, interdependentes.

Na leitura deste livro, você aprenderá a aplicar essa sabedoria no seu dia a dia. Em cada capítulo, exercícios práticos ajudarão a integrar as lições de cooperação, resiliência e comunicação. Ao final, você não verá mais as abelhas como simples insetos, mas como mestres silenciosos, cuja sabedoria pode transformar sua vida. Prepare-se para embarcar nesta jornada de autoconhecimento, inspirada pelo voo harmonioso do enxame.

Seja bem-vindo ao mundo de *O Enxame da Sabedoria*, onde as lições das abelhas nos guiarão rumo a uma mente mais equilibrada, a relações mais saudáveis e a uma vida mais plena. Vamos descobrir juntos o que essas criaturas extraordinárias podem nos ensinar sobre a verdadeira natureza da mente humana.

Capítulo 1: A Sabedoria do Enxame – A Mente Coletiva

Ao observar uma colmeia em plena atividade, somos convidados a perceber algo muito além do movimento frenético de pequenas criaturas. Ali, na interação entre cada abelha, encontra-se um mistério profundo e simbólico: o poder da mente coletiva. *Nenhuma abelha é autossuficiente*, mas juntas, elas constroem uma estrutura complexa e eficiente, cada qual desempenhando seu papel em perfeita sincronia. Assim como a abelha no enxame, o ser humano, inserido na teia social, é moldado pela coletividade, pelos sistemas e pelas relações às quais pertence. Neste capítulo, desvendaremos o que essa sabedoria coletiva das abelhas pode nos ensinar sobre a psique humana e a importância das interações sociais na formação de nossa identidade.

A Mente Coletiva: O Enxame Invisível

Imaginemos por um instante uma colmeia. À primeira vista, parece um aglomerado de seres individuais, cada um voando, colhendo néctar, construindo células de cera. Mas, de fato, a colmeia é como um único organismo vivo, um ser maior que a soma de suas partes. *Essa inteligência coletiva, na qual cada abelha está interligada a algo maior do que ela mesma*, é o que permite que a colmeia prospere. Psicologicamente, esse conceito se reflete na ideia de que o ser humano também não é uma entidade isolada. Desde o nascimento, somos inseridos em um vasto "enxame" de relações e influências que moldam quem somos.

Os filósofos gregos, como Aristóteles, já falavam sobre o homem como um *"animal social"*, enfatizando que a realização plena do indivíduo só se dá em sociedade. Sem a interação com os outros, nossa identidade se torna fragmentada, sem forma. A modernidade, com seu foco no individualismo, nos tenta fazer acreditar que somos autossuficientes, independentes. Contudo, a sabedoria das abelhas nos lembra que *a verdadeira força está na união*, no entendimento de que somos, em essência, interdependentes. A psique humana, como um enxame, é formada pela infinidade de relações, valores e influências a que estamos sujeitos ao longo da vida.

No campo da psicologia, Carl Jung falou sobre o inconsciente coletivo – uma camada da mente humana que não é pessoal, mas sim compartilhada por toda a humanidade. É como se dentro de cada um de nós existisse um pedaço da colmeia universal, onde arquétipos e símbolos comuns a todas as culturas nos guiam e influenciam. Jung descrevia isso como um *pano de fundo invisível que molda nossas emoções, sonhos e comportamentos*, assim como a rainha da colmeia, invisível a olho nu na maior parte do tempo, guia o comportamento do enxame inteiro.

O Poder Invisível das Relações

Talvez você nunca tenha percebido conscientemente, mas a maneira como pensa, age e até sente é influenciada pelas "mentes coletivas" das quais faz parte. A família em que você nasceu, a cultura em que foi criado, o grupo de amigos que o cercam, todos eles *contribuem para moldar o seu "eu"*. O psicólogo social Lev Vygotsky já afirmava que o desenvolvimento cognitivo humano não ocorre em isolamento, mas sim através da interação com os outros. As ideias, valores e até as emoções são, muitas vezes, fruto de um processo coletivo.

Pense em uma gota de mel. Ela é doce, uniforme, fluida, mas não surgiu do nada. Foi o resultado do trabalho de milhares de abelhas, cada uma coletando pequenas porções de néctar, trabalhando juntas para produzir algo maior. Da mesma forma, *nosso senso de identidade, nossas crenças e nossos valores são como essa gota de mel*, fruto de incontáveis interações, experiências e influências coletivas.

A filosofia cristã, com sua visão profunda da comunidade e da coletividade, também reforça essa ideia. O apóstolo Paulo, em suas cartas, fala sobre a Igreja como um corpo, onde cada parte tem seu papel, mas nenhuma é suficiente sozinha. *"Se um membro sofre, todos sofrem com ele"* (1 Coríntios 12:26). Assim, somos todos partes interligadas de um mesmo corpo, influenciados por nossas relações com os outros, e através dessas interações, alcançamos nossa realização plena.

Reflexões sobre a Individualidade no Coletivo

Mas e o indivíduo? Será que a mente coletiva nega nossa individualidade? As abelhas, com sua mente coletiva, parecem desafiar a noção de um "eu" independente, mas isso não significa que o indivíduo não tenha valor. Cada abelha tem sua função única e essencial para o todo. Da mesma forma, *nossa individualidade só se revela plenamente no contexto do coletivo*, onde podemos expressar nossas capacidades e talentos em benefício da comunidade.

Nietzsche, em sua obra "Assim Falou Zaratustra", fala sobre o caminho do ser humano em direção à superação de si mesmo. Para ele, a verdadeira realização do indivíduo está na capacidade de transcender o ego, de se colocar a serviço de algo maior. Não se trata de anular a individualidade, mas de encontrar um equilíbrio entre o *"eu"* e o *"nós"*, tal como as abelhas encontram na colmeia o lugar onde seu esforço individual ganha propósito no coletivo.

Essa compreensão se torna ainda mais relevante no mundo moderno, onde o culto ao individualismo muitas vezes nos desconecta dos outros. A solidão e o isolamento são algumas das grandes epidemias da atualidade, e parte disso é fruto da negação da nossa natureza coletiva. *Precisamos da colmeia tanto quanto as abelhas precisam dela*, não para perdermos a individualidade, mas para encontrarmos propósito e significado em nossas ações.

Práticas para Aplicar a Sabedoria Coletiva das Abelhas

A sabedoria do enxame não é apenas um conceito filosófico ou psicológico abstrato; é uma verdade prática que podemos aplicar em nosso cotidiano. Assim como as abelhas constroem suas colmeias através de pequenos atos coordenados, podemos, também, construir nossa psique e nosso senso de pertencimento por meio de ações conscientes dentro dos grupos aos quais pertencemos.

Exercício de autoanálise: Reserve um momento para refletir sobre as "mentes coletivas" às quais você pertence. Pode ser sua família, seu círculo de amigos, seu ambiente de trabalho ou sua comunidade religiosa. *Quais valores e comportamentos você adotou por causa dessas influências?* Até que ponto suas decisões são moldadas pelo grupo? Anote suas reflexões em um diário, identificando os aspectos positivos e negativos dessas influências.

Ao fazer isso, é importante não julgar essas influências como inteiramente boas ou más. *O que aprendemos com os outros pode nos enriquecer ou limitar*, mas a sabedoria está em reconhecer essas influências para que possamos integrá-las conscientemente em nossas vidas. Pense nas abelhas: elas colhem o néctar de diversas flores, mas transformam esse néctar em mel de maneira única, dentro da colmeia.

Exercício de grupo: Envolva-se em uma atividade que exija cooperação, seja em sua vida profissional ou pessoal. Pode ser um projeto no trabalho, uma atividade voluntária ou mesmo um simples jogo em grupo. Durante e após a atividade, reflita sobre como suas ações foram moldadas pelo coletivo. Como sua forma de pensar e agir foi influenciada pelo grupo? *Sinta o poder da mente coletiva em ação, e perceba como ela pode tanto facilitar quanto desafiar sua própria individualidade.*

Este exercício ajuda a trazer à tona a dinâmica do coletivo em nossas vidas diárias, tornando-nos mais conscientes de como somos influenciados e, ao mesmo tempo, como influenciamos os outros. Da mesma forma que as abelhas confiam umas nas outras para o sucesso da colmeia, nós também podemos aprender a confiar no poder da colaboração e da interdependência.

A Sabedoria que Transcende o Indivíduo

A colmeia não é apenas uma metáfora para a psique humana; é um espelho que reflete nossa necessidade de pertencimento, de cooperação e de transcendência do ego individual. Ao aprender com a sabedoria das abelhas, podemos reconhecer que nossa força não está apenas em nós mesmos, mas na conexão com o outro. *Somos todos parte de um grande enxame invisível*, e ao reconhecer essa verdade, nos aproximamos de uma vida mais plena, consciente e harmoniosa.

A sabedoria do enxame é um convite para refletir sobre como nossas interações com os outros moldam nossa mente e nossa vida. Ao abraçar a mente coletiva, podemos encontrar novas maneiras de viver em equilíbrio, tanto com nossa individualidade quanto com o todo.

Capítulo 2: O Ciclo das Abelhas – Entendendo os Ritmos Internos

Assim como o voo da abelha segue os ritmos invisíveis da natureza, também a nossa existência é guiada por ciclos que nem sempre reconhecemos, mas que são fundamentais para o equilíbrio entre corpo e mente.

Observar o comportamento das abelhas é testemunhar uma dança silenciosa e precisa. Elas voam em busca de néctar ao amanhecer, retornam à colmeia no entardecer, e em cada movimento há uma sincronia perfeita com o ambiente ao seu redor. Não há pressa, mas também não há atraso. O ciclo das abelhas nos oferece um modelo para refletirmos sobre a nossa própria natureza: *será que estamos, como elas, em harmonia com nossos ritmos internos, ou estamos lutando contra eles?*

As abelhas nos lembram da importância dos ciclos e da necessidade de respeitá-los, especialmente num mundo que muitas vezes ignora os ritmos naturais em prol da produtividade incessante. Da mesma forma, a ciência moderna revela que, assim como as abelhas seguem um padrão de comportamento em sincronia com o ambiente, nós também temos nossos próprios ritmos biológicos que influenciam nossa saúde física, mental e espiritual. Esses ritmos, conhecidos como **ritmos circadianos**, são responsáveis por regular uma série de processos corporais, como o sono, a vigília, os níveis de energia, a digestão e até mesmo nossas emoções.

Os Ciclos Invisíveis: O Ritmo que Nos Guia

As abelhas começam seu dia ao nascer do sol, com a luz do amanhecer ativando seus instintos para procurar alimento. Esse comportamento é ditado pela luz natural, assim como nossos ritmos circadianos são guiados pelo ciclo claro-escuro. A luz solar, através dos nossos olhos, envia sinais ao cérebro para regular a produção de hormônios, como a melatonina, que controla o sono.

Este ciclo diário de 24 horas é, na verdade, uma herança evolutiva compartilhada com a vida na Terra. *Todos os organismos, desde as abelhas até os seres humanos, são regidos por esses ritmos naturais.* Ignorá-los é como tentar nadar contra uma correnteza invisível, que, apesar de imperceptível, está sempre presente.

Na Grécia antiga, o filósofo Heráclito já refletia sobre a natureza cíclica da vida e da existência, afirmando que *"tudo flui, nada permanece o mesmo"*. Essa sabedoria ecoa na forma como devemos encarar nossos ritmos internos: como fluxos que precisamos aprender a seguir, ao invés de resistir a eles. Quando tentamos impor uma linearidade ou constância que não existe na natureza, sofremos as consequências em nossa saúde e bem-estar.

Ritmos Circadianos: A Ciência dos Nossos Ciclos Internos

Hoje, a ciência estuda com profundidade os ritmos circadianos, que são essencialmente um "relógio biológico" interno que regula nosso ciclo de 24 horas. Pesquisadores descobriram que esse relógio influencia não apenas o sono, mas também nossa energia física, nossa concentração mental e até nossas emoções ao longo do dia.

Pense nisso como uma *coreografia invisível* que acontece dentro de nós. Pela manhã, nossos níveis de cortisol aumentam para nos dar energia e disposição. No início da tarde, tendemos a experimentar uma queda natural na energia, o que explica por que muitas culturas têm a prática da sesta. À noite, o cérebro libera melatonina, nos preparando para o descanso. O respeito a esses ciclos nos ajuda a manter o equilíbrio físico e emocional, enquanto ignorá-los frequentemente resulta em distúrbios do sono, cansaço crônico e até problemas de saúde mental.

O médico e neurocientista Matthew Walker, em seu livro "Por que Nós Dormimos", destaca que *o sono não é uma escolha, mas uma necessidade biológica fundamental*. Ele revela que a privação de sono, seja por ignorarmos nossos ritmos internos ou por não darmos a devida importância à qualidade do descanso, afeta profundamente a nossa cognição e o equilíbrio emocional. Da mesma forma que uma abelha desorientada se perde da colmeia, nós nos perdemos de nossa própria essência quando nos desconectamos dos nossos ciclos internos.

A Dança dos Ciclos na Vida Contemporânea

A sociedade moderna, no entanto, frequentemente nos pressiona a operar contra nossos próprios ritmos. A exigência de estarmos sempre disponíveis, de trabalhar longas horas, de manter uma produtividade constante, cria uma desconexão entre corpo e mente. *Assim como seria insensato exigir que uma abelha continuasse a voar sem parar, esperando que ela se mantenha produtiva indefinidamente, também é insensato que esperemos o mesmo de nós mesmos.*

Aqui, vale a reflexão: você está respeitando seus ciclos internos, ou está lutando contra eles em nome da produtividade? As abelhas não tentam florescer fora de seu tempo. Elas sabem quando é hora de trabalhar e quando é hora de retornar à colmeia. De forma semelhante, devemos aprender a identificar os momentos em que nosso corpo e mente pedem descanso, introspecção ou ação.

Curiosamente, estudos mostram que a fadiga e o cansaço crônico não são resultado de trabalhar muito, mas de trabalhar de forma desalinhada com nossos ritmos. *Ao aprender a observar e respeitar nossos próprios ciclos, nos tornamos mais eficientes e produtivos, mas de uma maneira que é sustentável e saudável.* Assim como uma colmeia só prospera se houver equilíbrio entre o trabalho de coleta e o descanso necessário para produzir o mel, nós só prosperamos quando respeitamos nossos ciclos.

Práticas para Sincronizar-se com Seus Ritmos

O ciclo das abelhas oferece um convite para praticarmos uma vida mais conectada com nossos próprios ritmos. A sincronia entre corpo e mente é algo que pode ser cultivado conscientemente, e aqui estão algumas práticas que podem ajudar a começar essa jornada.

Estudo pessoal: Observando seus ciclos

A primeira prática é a observação de seus próprios ritmos ao longo do dia. Durante uma semana, faça um diário em que você anote *os momentos de maior produtividade, os momentos de cansaço e os horários em que sente mais energia.* Observe se há um padrão: você é uma pessoa mais matutina ou noturna? Seu corpo e mente respondem melhor pela manhã, à tarde ou à noite?

Essa prática, por mais simples que pareça, oferece uma visão profunda sobre como você está alinhado (ou não) com seus próprios ciclos naturais. Tal como as abelhas sabem instintivamente quando é hora de buscar néctar e quando é hora de descansar, *você também pode aprender a identificar os momentos de maior e menor energia ao longo do seu dia.*

Exercício de sincronização: Respeitando o ritmo do sono e da alimentação

Uma vez que você tenha identificado seus ciclos pessoais, a segunda prática é ajustá-los. Se possível, tente dormir e acordar nos horários que seu corpo naturalmente pede. Um sono regular e profundo é uma das formas mais poderosas de restaurar a harmonia entre corpo e mente.

Outro aspecto essencial é a alimentação. Coma em horários regulares e preste atenção a como seu corpo responde aos diferentes alimentos em diferentes momentos do dia. *Comer em harmonia com seu ritmo circadiano pode melhorar sua digestão, seu nível de energia e até sua clareza mental.* Não à toa, várias tradições religiosas e espirituais há séculos pregam o jejum em determinados períodos do dia, como uma forma de respeitar os ritmos naturais do corpo.

O Equilíbrio Entre o Tempo Interno e o Externo

Assim como as abelhas seguem ciclos naturais que lhes permitem prosperar, nós também precisamos aprender a ouvir e respeitar nossos próprios ritmos internos. A colmeia só é produtiva porque cada abelha trabalha em sintonia com o todo, e da mesma forma, nós só podemos alcançar equilíbrio e bem-estar se formos capazes de viver em harmonia com o fluxo de energia que naturalmente percorre nosso corpo e nossa mente.

Os ritmos internos são como uma melodia suave, tocando em segundo plano, nos guiando e nos sustentando. Quando nos ajustamos a essa melodia, tudo flui com mais leveza. O respeito aos nossos ciclos é o respeito à nossa própria natureza, e somente através dessa harmonia podemos viver de forma plena e consciente.

A sabedoria das abelhas nos ensina que a vida não é uma corrida contra o tempo, mas uma dança com ele. *É preciso*

16

aprender os passos, sentir o ritmo, e, acima de tudo, respeitar o ciclo que nos guia, dia após dia.

Capítulo 3: A Ordem da Colmeia – A Importância de Estruturas Internas

Assim como a colmeia só prospera na ordem, nossa mente floresce quando está bem estruturada, com cada pensamento ocupando seu devido lugar.

Se observarmos o funcionamento de uma colmeia, notaremos uma harmonia impressionante. Cada abelha, em seu papel específico, contribui para o bem-estar de toda a colmeia. Não há desordem, não há sobreposição de funções, e, curiosamente, não há pressa desnecessária. Essa organização interna é a chave para o sucesso do coletivo, e, se nos permitirmos refletir, perceberemos que o mesmo princípio vale para nossa mente.

A mente humana, assim como uma colmeia, depende de estruturas internas que permitam o funcionamento eficiente e a manutenção da paz mental. Quando nossos pensamentos estão organizados, quando sabemos quais são nossas prioridades e lidamos com cada questão no seu devido tempo, experimentamos clareza e foco. Mas quando essas estruturas se desintegram, mergulhamos no caos mental — a ansiedade, o estresse e a confusão se tornam dominantes.

Neste capítulo, exploraremos a importância da ordem interna e como podemos, com técnicas simples e acessíveis, trazer organização para nossa psique, gerando um impacto positivo em todas as áreas da nossa vida.

A Ordem como Pilar do Bem-Estar Mental

Para compreender a importância da estrutura interna na mente humana, podemos nos voltar à antiga Grécia, onde o filósofo Platão comparava a mente a uma carruagem sendo guiada por dois cavalos: um representando o desejo e o outro a razão. *Se não houver controle e harmonia, a carruagem se desgoverna.* Platão, como as abelhas, reconhecia a necessidade de ordem e estrutura.

Nas colmeias, essa ordem não é uma escolha. Cada abelha nasce com um papel predeterminado. Há as operárias, as que cuidam da rainha, as que constroem a cera e as que defendem a colmeia. Nenhuma delas age fora do seu propósito, e é exatamente essa organização que faz com que a colmeia sobreviva e prospere. Analogamente, a mente humana também precisa de um "enxame" de pensamentos e emoções organizados, cada um em seu devido lugar e tempo.

Quando perdemos essa organização interna, as consequências são perceptíveis: somos tomados por preocupações e medos dispersos, decisões difíceis parecem insuperáveis, e a mente fica confusa, como uma colmeia desordenada. Esse caos mental pode nos impedir de agir, de ser produtivos e, sobretudo, de sermos felizes.

A Psicologia da Organização Interna

A psicologia moderna também reconhece a importância da ordem mental. Carl Jung, por exemplo, falava sobre o "self" como o centro organizador da psique, responsável por integrar diferentes partes da nossa personalidade em uma unidade coesa. Segundo Jung, a desordem interna — quando emoções ou pensamentos conflitantes dominam a mente — gera sofrimento, ansiedade e um estado de desequilíbrio que nos afasta da nossa verdadeira natureza.

Da mesma forma que uma abelha desorganizada prejudica o funcionamento de toda a colmeia, *um pensamento descontrolado ou uma emoção fora de lugar podem perturbar o fluxo mental saudável.* Portanto, precisamos encontrar formas de organizar nosso mundo interior, tal como as abelhas organizam suas atividades em harmonia com a colmeia.

A psicanálise freudiana também reconhece essa necessidade de organização. Freud postulou que a mente humana é como um iceberg, onde a maior parte de nossos pensamentos e emoções está submersa no inconsciente. *O trabalho da psique é trazer à tona aquilo que está escondido, para que possamos lidar conscientemente com os conflitos e ordená-los de maneira saudável.* A colmeia de nossa mente precisa ser organizada de forma que cada emoção, cada desejo, cada medo tenha seu espaço, mas sem sobrecarregar o sistema.

Estabelecendo Prioridades: A Chave da Ordem

Uma das formas mais eficazes de trazer ordem à mente é o estabelecimento de prioridades claras. Na colmeia, cada tarefa tem um objetivo final: a sobrevivência e o bem-estar do coletivo. Da mesma forma, ao organizar nossos pensamentos e nossas ações, devemos ter em mente nossos objetivos maiores. *O que realmente importa para nós?* Essa pergunta, simples na superfície, muitas vezes fica enterrada sob uma enxurrada de tarefas e demandas diárias.

A escritora norte-americana Annie Dillard observou que "como passamos nossos dias é, claro, como passamos nossas vidas". Ou seja, nossa capacidade de organizar e priorizar as tarefas diárias afeta diretamente a qualidade da nossa existência como um todo. Assim, aprender a identificar o que é mais importante, e dedicar energia a essas prioridades, é o primeiro passo para trazer ordem à mente.

Mas como fazer isso na prática? A colmeia oferece uma metáfora útil aqui. Assim como as abelhas dividem suas funções em áreas bem definidas — alimentação, construção, defesa — podemos dividir nossos pensamentos e preocupações em categorias que nos ajudem a organizar o caos interno. Isso pode ser feito através de um exercício simples, mas poderoso, que vamos explorar a seguir.

Prática: Organização Mental

O primeiro exercício prático deste capítulo é a criação de uma lista de "tarefas mentais". Pegue um papel ou um caderno e faça uma lista de todas as coisas que estão ocupando sua mente no momento. Desde as preocupações mais simples — como tarefas diárias — até os medos e ansiedades mais profundos. A ideia aqui é externalizar o caos interno, transformando pensamentos abstratos em algo que você pode ver, tocar e organizar.

Depois de listar tudo, agrupe esses itens em categorias. Por exemplo, você pode ter uma categoria para questões de trabalho, outra para preocupações familiares, e assim por diante. *O simples ato de dividir e categorizar já começa a trazer uma sensação de controle e ordem.*

Uma vez que você tenha categorizado suas preocupações, pergunte-se: *quais dessas categorias são realmente prioritárias? Quais podem ser deixadas de lado por enquanto?* Essa prática, ao longo do tempo, treina sua mente a organizar os pensamentos de forma mais eficiente, tal como as abelhas organizam suas tarefas para o bem-estar da colmeia.

Prática: Meditação Focada para Organizar a Mente

A segunda prática é a meditação focada, uma técnica que pode ser usada para organizar os pensamentos da mesma forma que as abelhas organizam sua colmeia. Em um momento tranquilo do seu dia, sente-se confortavelmente e comece a focar sua atenção na respiração. À medida que você respira, perceba os pensamentos que começam a surgir em sua mente. Não tente controlá-los ou suprimi-los; apenas observe.

Cada pensamento que surge é como uma abelha retornando à colmeia. Ao invés de deixar que esses pensamentos fiquem dispersos, imagine que está guiando cada um deles para seu devido lugar. Um pensamento sobre trabalho, por exemplo, pode ser "colocado" na categoria de tarefas profissionais. Um pensamento sobre uma questão pessoal pode ser "colocado" em sua categoria específica.

Essa prática não só ajuda a organizar os pensamentos, mas também a cultivar uma atitude de não apego. *Os pensamentos são como abelhas: vêm e vão, e o papel da mente é organizá-los, mas não se perder neles.* Com o tempo, você perceberá que pode aplicar essa técnica em momentos de caos mental, trazendo clareza e serenidade à sua psique.

A Ordem como Caminho para o Autoconhecimento

A organização interna, mais do que uma simples questão de eficiência mental, é também um caminho para o autoconhecimento. Quando trazemos ordem à nossa mente, começamos a identificar padrões, ciclos e aspectos de nós mesmos que antes estavam escondidos. Cada abelha na colmeia tem uma função específica, e cada pensamento, cada emoção, tem um propósito na nossa psique. O desafio está em reconhecer esses propósitos e dar-lhes o espaço adequado para que não se transformem em caos.

Em última análise, a ordem interna é uma forma de criar harmonia com o mundo ao nosso redor. Assim como a colmeia só funciona quando todas as abelhas estão em sincronia, *nós só funcionamos plenamente quando nossa mente está organizada e alinhada com nossos valores e prioridades.*

A busca pela ordem é, portanto, uma busca pela paz interna. E assim como as abelhas trabalham incansavelmente para manter a colmeia organizada e produtiva, nós também devemos estar atentos aos nossos pensamentos, organizando-os de forma consciente e amorosa.

A colmeia interna, quando bem cuidada, é fonte de sabedoria e equilíbrio, permitindo que a mente humana opere com a mesma harmonia silenciosa que caracteriza o mundo das abelhas.

Capítulo 4: A Resiliência do Trabalho – Aprendendo a Lidar com os Desafios

Resiliência é a arte de continuar, mesmo quando tudo ao redor parece desmoronar; é o que define a força silenciosa que nos move adiante, assim como as abelhas que seguem trabalhando em meio à tempestade.

A vida das abelhas é uma jornada constante de superação. Elas enfrentam um ciclo implacável de desafios: intempéries, predadores, escassez de recursos e até doenças que ameaçam a colmeia. No entanto, a resposta das abelhas a essas dificuldades não é a fuga ou a desistência. Pelo contrário, elas persistem, trabalham incansavelmente e adaptam-se para garantir a sobrevivência da colmeia. Observando esse comportamento, podemos aprender lições valiosas sobre *resiliência* – a capacidade de continuar, de se adaptar e de crescer em meio às adversidades.

Resiliência, tanto para as abelhas quanto para nós, humanos, não é a ausência de desafios, mas sim a capacidade de enfrentá-los com coragem e estratégia. A psicologia da resiliência nos ensina que *o sofrimento e as dificuldades fazem parte da jornada humana*, mas que é possível, e necessário, desenvolver uma mentalidade de superação que nos permita passar pelos desafios com sabedoria e força renovada.

O Trabalho das Abelhas: Um Exemplo de Resiliência Natural

As abelhas, mesmo em meio a condições adversas, nunca deixam de cumprir seu papel. Durante o inverno, quando o frio se torna implacável e o néctar praticamente desaparece, elas se reúnem em torno da rainha para manter o calor e a vida da colmeia. No verão, quando as condições são mais favoráveis, trabalham em ritmo acelerado para armazenar o que é necessário para sobreviver ao próximo inverno. O ciclo nunca para, e as abelhas *aceitam com naturalidade* os altos e baixos que fazem parte da existência.

Se compararmos esse comportamento com a nossa vida cotidiana, podemos notar que muitas vezes somos tomados pelo desânimo diante dos obstáculos. Em vez de continuar trabalhando e buscando soluções, nos entregamos ao estresse e à frustração, acreditando que o problema é grande demais. Mas a sabedoria das abelhas nos ensina que *a resiliência não está em evitar o sofrimento, mas em atravessá-lo com a certeza de que dias melhores virão.*

A psicologia moderna reforça essa ideia. Pesquisas indicam que pessoas resilientes não são aquelas que nunca sentem medo ou ansiedade, mas aquelas que encontram maneiras de enfrentar essas emoções e seguir em frente. Elas desenvolvem uma mentalidade de crescimento, acreditando que cada desafio traz uma oportunidade de aprendizado e fortalecimento.

Filosofia e Ciência: A Natureza da Resiliência

O conceito de resiliência está profundamente enraizado na filosofia e na psicologia. O filósofo Friedrich Nietzsche dizia: "Aquilo que não me mata me fortalece." Esta frase resume bem o espírito resiliente que as abelhas exemplificam e que nós, humanos, também podemos cultivar. Nietzsche via o sofrimento como parte inevitável da vida, mas também como uma força transformadora, capaz de nos tornar mais fortes e mais conscientes de nossa capacidade.

Na ciência, o estudo da resiliência nos revela que, embora algumas pessoas pareçam nascer com uma disposição natural para superar adversidades, *a resiliência é uma habilidade que pode ser treinada*. Os neurocientistas mostram que, com a prática, podemos criar novas conexões neurais que nos ajudam a reagir de maneira mais saudável aos desafios. O cérebro, assim como a colmeia, é capaz de se reorganizar e de se adaptar, criando caminhos que permitem superar dificuldades de maneira mais eficiente.

No campo da psicologia positiva, Martin Seligman, um dos fundadores dessa abordagem, enfatiza que a resiliência está diretamente ligada ao nosso bem-estar emocional. Ele sugere que, ao focar no desenvolvimento de nossas forças e virtudes, podemos cultivar uma visão mais otimista diante dos desafios. Assim como as abelhas se adaptam para garantir a sobrevivência da colmeia, *nós também podemos ajustar nossa perspectiva e nossas ações para enfrentar as dificuldades com mais determinação e propósito.*

Prática: Identificando e Aprendendo com Nossos Desafios

A primeira prática para desenvolver resiliência é refletir sobre os desafios que enfrentamos recentemente. *Como você lidou com esses desafios?* Houve momentos em que o desânimo ou o medo tomaram conta? Ou você conseguiu encontrar forças para seguir em frente, mesmo que aos poucos?

Pegue um caderno e escreva sobre um desafio significativo que você enfrentou. Talvez tenha sido uma perda pessoal, uma mudança difícil, ou um projeto no trabalho que parecia impossível de concluir. Reflita sobre suas reações. Você buscou apoio? Tentou resolver o problema de maneira prática? Ou se sentiu paralisado pelas circunstâncias?

Depois de descrever o desafio e sua reação, pergunte-se: *Como poderia ter lidado de forma mais eficiente, inspirado nas abelhas?* As abelhas, diante de uma tempestade, não se rebelam contra o inevitável. Elas simplesmente se adaptam e continuam sua missão. E você? Quais adaptações você poderia ter feito para lidar melhor com a situação? Talvez você pudesse ter buscado uma solução mais simples, ou talvez precisasse ter sido mais paciente consigo mesmo.

A resiliência é construída através da reflexão e do aprendizado. Cada desafio enfrentado é uma oportunidade para *crescer e fortalecer suas habilidades de superação.* Lembre-se: o objetivo não é evitar os problemas, mas desenvolver a capacidade de enfrentá-los com sabedoria e equilíbrio.

Prática: Desafio Controlado

Agora que você refletiu sobre um desafio passado, é hora de praticar a resiliência de forma mais consciente. Escolha um desafio pequeno, mas difícil, para enfrentar nas próximas semanas. Esse desafio pode ser algo no trabalho, um projeto pessoal, ou até uma questão emocional que você tenha evitado. O importante é que ele seja *controlável,* mas ainda assim significativo o suficiente para exigir esforço e determinação.

Defina um plano de ação. *Como você vai abordar esse desafio de maneira sistemática e persistente, assim como as abelhas?* Talvez isso envolva dividir o problema em partes menores e lidar com elas uma de cada vez. Ou talvez você precise buscar novas estratégias ou pedir ajuda a outras pessoas. Seja qual for o desafio, a chave é *persistência.*

A ciência mostra que enfrentar desafios de maneira metódica fortalece nossa confiança e nos ajuda a construir uma mentalidade resiliente. Cada pequeno sucesso reforça a ideia de que somos capazes de lidar com problemas maiores. E, como as abelhas que trabalham incansavelmente em pequenas tarefas para construir algo grandioso, *nós também podemos criar uma base sólida de resiliência através de ações contínuas e determinadas.*

Curiosidade: Abelhas na Tempestade

Uma curiosidade fascinante sobre as abelhas é que, durante tempestades, elas se mantêm dentro da colmeia, aquecendo-se umas às outras e esperando que o perigo passe. Elas sabem que não podem controlar o tempo, mas controlam a maneira como reagem a ele. Essa paciência e sabedoria nos ensinam que, muitas vezes, a melhor resposta aos desafios é esperar, manter-se firme e confiar que o momento difícil vai passar.

Assim, da mesma forma que as abelhas confiam na resiliência do coletivo, *nós também podemos confiar em nossa capacidade interna de superar as tempestades da vida.*

O Trabalho Resiliente: Superando com Sabedoria

Resiliência não é sobre ser imune ao sofrimento ou ao fracasso, mas sobre *aprender com as adversidades e se adaptar a elas.* A vida, assim como o trabalho das abelhas, é imprevisível e muitas vezes desafiadora, mas quando encontramos força para persistir, descobrimos que somos muito mais capazes do que imaginávamos.

O trabalho contínuo das abelhas, em meio a tantas dificuldades, nos lembra que o esforço e a dedicação, mesmo nas piores circunstâncias, sempre trazem recompensas. E é nessa capacidade de continuar, de encontrar soluções e de se adaptar, que reside a verdadeira força da resiliência.

Ao fim deste capítulo, a lição que as abelhas nos deixam é clara: não importa o tamanho da tempestade, sempre haverá maneiras de superá-la. A chave está em persistir e confiar em nossa capacidade de lidar com o que vier, com a mesma determinação e paciência que mantém as abelhas firmes em sua missão.

Capítulo 5: A Dança das Abelhas – Comunicação Clara e Eficaz

Desde o princípio da civilização, a comunicação tem sido a ferramenta que une indivíduos, constroem sociedades e transmitem conhecimento. No entanto, enquanto seres humanos, ainda lutamos para nos expressar claramente, para ouvir com atenção e entender o que realmente é comunicado. Curiosamente, a natureza nos oferece um exemplo brilhante de comunicação eficaz, presente nas ações sutis e simbólicas das abelhas.

As abelhas não possuem linguagem no sentido humano, mas sua forma de comunicação é uma dança precisa, cheia de significado. Cada movimento conta uma história, indicando a localização de alimento, a distância a ser percorrida, e até a qualidade do néctar disponível. Elas **não deixam espaço para mal-entendidos**, e isso é o que mantém a colmeia funcionando harmoniosamente. Esse comportamento nos ensina que **a clareza na comunicação é essencial para qualquer relacionamento saudável**, seja no trabalho, nos laços familiares ou nas interações sociais cotidianas.

Ao olharmos para as abelhas, encontramos uma metáfora poderosa para a importância de comunicar com precisão e transparência. Assim como as abelhas dançam para transmitir informações essenciais para a sobrevivência do grupo, nós também dependemos da comunicação clara para manter nossos relacionamentos e nossas comunidades fortes e coesas.

O Simbolismo da Dança das Abelhas

Quando falamos da comunicação, muitas vezes subestimamos o poder do não-verbal. Na dança das abelhas, encontramos um exemplo perfeito de como o movimento e o corpo podem ser usados para expressar algo com clareza e propósito. Cada abelha realiza uma dança conhecida como "dança da cauda", que varia em intensidade e direção conforme a localização do alimento. **A precisão dessa dança garante que não haja confusão entre as abelhas**; todas sabem exatamente onde devem ir e como agir.

Na psique humana, a comunicação eficaz vai além das palavras. Psicólogos como Paul Ekman estudaram a importância das expressões faciais e da linguagem corporal, demonstrando que **muito da nossa comunicação é não-verbal**. Quando nossas palavras estão desalinhadas com nossos gestos ou com nosso tom de voz, criamos dissonância e mal-entendidos. As abelhas nos lembram de que, para sermos eficazes em nossa comunicação, devemos integrar palavra, ação e intenção em um fluxo harmonioso.

Se na vida moderna enfrentamos dificuldades para nos expressar, muitas vezes devido à sobrecarga de informações e às distrações constantes, aprender com o comportamento das abelhas pode nos inspirar a **ser mais claros e concisos em nossa comunicação**. Elas não se preocupam com excessos ou ambiguidades; cada gesto é cuidadosamente escolhido para transmitir a mensagem exata.

Curiosidade: A Comunicação Impecável das Abelhas

Uma curiosidade interessante sobre as abelhas é que, se uma abelha realiza sua dança de maneira incorreta, a colmeia pode entrar em confusão. A precisão é tão vital que qualquer variação mínima pode levar o grupo a uma direção errada, desperdiçando recursos e tempo. Isso reflete o quanto **a comunicação precisa** é essencial para a sobrevivência não apenas das abelhas, mas também dos seres humanos em seu contexto social.

O Papel da Escuta na Dança

Além de transmitir informações, a comunicação eficaz envolve escutar. No universo das abelhas, cada movimento da "dança da cauda" é recebido com atenção pelas abelhas que observam. Elas não apenas olham, mas "sentem" a dança, captando a vibração e energia transmitida pela abelha mensageira. Isso nos leva a refletir sobre o valor da **escuta ativa** em nossa vida diária.

Assim como as abelhas escutam atentamente para captar as sutis mudanças na mensagem, **precisamos aprender a escutar de verdade.** Na escuta ativa, o ouvinte não apenas ouve as palavras, mas também percebe o tom, a emoção e o significado subjacente daquilo que está sendo comunicado. Filósofos como Martin Buber, com sua ideia do "Eu-Tu", destacam a importância de uma escuta que vai além do superficial, onde o interlocutor é visto como um ser integral, com suas nuances e complexidades.

Ouvir com atenção é a base da verdadeira conexão humana. Muitas vezes, em nossas conversas, estamos mais focados em preparar nossa resposta do que em realmente entender o outro. Mas, assim como as abelhas só conseguem interpretar corretamente a dança quando prestam total atenção, nós também só podemos compreender a essência das mensagens quando escutamos com presença total.

A Aplicação Moderna da Comunicação das Abelhas

Na sociedade contemporânea, estamos cercados por ferramentas de comunicação – redes sociais, e-mails, aplicativos de mensagens – que facilitam o contato, mas muitas vezes complicam a verdadeira compreensão. **A comunicação clara exige simplicidade.** Podemos tirar uma lição das abelhas e reduzir o ruído em nossa comunicação. **Dizer menos, mas com mais precisão** pode ser a chave para evitar mal-entendidos e criar laços mais fortes.

No trabalho, por exemplo, líderes eficazes são aqueles que conseguem transmitir suas expectativas de maneira clara e sem ambiguidades, permitindo que seus colaboradores saibam exatamente o que é esperado. Quando olhamos para as relações pessoais, a comunicação transparente e honesta fortalece os laços, criando um ambiente de confiança mútua. Assim como a dança das abelhas mantém a colmeia unida, **a comunicação clara nos ajuda a manter nossas relações humanas saudáveis e resilientes.**

Exercício Prático: Escuta Ativa e Clareza de Intenções

Agora que entendemos a importância da clareza e da escuta na comunicação, proponho um exercício prático. Escolha uma conversa que você terá hoje, seja no trabalho ou em casa, e pratique a escuta ativa. Durante essa interação, foque em ouvir verdadeiramente o que a outra pessoa está dizendo, sem interromper ou formular respostas antes de tempo. Depois, responda de forma clara e precisa, buscando eliminar ambiguidades.

Ao fazer isso, **você estará praticando a "dança" da comunicação.** Assim como as abelhas ajustam seus movimentos para garantir que a mensagem seja captada corretamente, você também pode ajustar sua maneira de falar e escutar para melhorar a qualidade das suas interações.

Reflexão Final: A Comunicação como a Base da Conexão Humana

Assim como a colmeia só funciona em harmonia quando todas as abelhas estão em sincronia com suas comunicações, nossas vidas também só atingem seu potencial máximo quando comunicamos de maneira eficaz e escutamos de forma ativa. **A clareza é o caminho para a compreensão, e a escuta é o caminho para a conexão verdadeira.**

Ao aplicar os princípios da comunicação das abelhas em nossa vida cotidiana, podemos transformar a maneira como nos conectamos com os outros, criando relações mais fortes, mais harmoniosas e mais autênticas.

Capítulo 6: O Propósito Como Essência do Ser

O propósito é o vento que move a alma, assim como o néctar move as abelhas em sua dança incansável pela vida. Em uma colmeia, cada abelha desempenha um papel específico, essencial para o equilíbrio e a sobrevivência do todo. Elas não questionam a importância de sua função; simplesmente agem, guiadas por uma sabedoria invisível. E nós, seres humanos, o que nos guia? O que nos move a continuar, a despertar a cada dia, a enfrentar as dificuldades e a buscar algo mais profundo? A resposta, ao que parece, repousa no propósito.

Diferente das abelhas, nós nos deparamos constantemente com dúvidas existenciais. Afinal, qual é o sentido do nosso trabalho, da nossa vida? Há uma diferença crucial entre apenas existir e viver com propósito. No entanto, a busca por esse sentido muitas vezes se assemelha a uma travessia em mares turbulentos, onde a visão do horizonte é obscurecida pelas nuvens da incerteza.

Neste capítulo, exploraremos a relação íntima entre o propósito e o bem-estar humano, assim como ele molda não apenas nossas ações, mas a essência de quem somos. *É o propósito que infunde significado em cada movimento, transformando a rotina em uma dança cósmica de significados.*

O Significado do Propósito na Psicologia Humana

Desde tempos imemoriais, filósofos e pensadores têm refletido sobre a questão do propósito. Aristóteles, por exemplo, falou sobre a *eudaimonia*, ou a vida plena, como o verdadeiro objetivo da existência humana. Para ele, o ser humano encontra realização ao viver de acordo com sua verdadeira natureza, buscando o que é bom, belo e virtuoso. Da mesma forma que uma abelha segue seu instinto natural, o ser humano, ao descobrir seu propósito, alinha-se com a ordem do universo.

Na psicologia moderna, o conceito de propósito tem sido amplamente estudado como um dos pilares do bem-estar. Viktor Frankl, psiquiatra e sobrevivente do Holocausto, desenvolveu a *logoterapia*, uma abordagem centrada no sentido da vida. Frankl observou que mesmo nas situações mais adversas, aqueles que conseguiam atribuir um significado ao seu sofrimento encontravam força para continuar. Em suas palavras, "quem tem um porquê viver, suporta quase qualquer como." Aqui, vemos o poder do propósito como uma força vital, capaz de nos guiar mesmo nas tempestades mais violentas.

Assim como uma abelha pode perder seu rumo temporariamente, mas nunca sua missão coletiva, o ser humano também encontra forças em seu propósito, mesmo quando o caminho parece confuso. É o propósito que dá coerência às nossas experiências, transformando o caos em ordem e a incerteza em determinação.

A Busca Pessoal pelo Propósito

Muitos de nós, ao longo da vida, nos perguntamos: "Qual é o meu propósito?" Essa é uma questão que nos leva ao âmago da nossa existência. Em um mundo que valoriza a produtividade e o sucesso superficial, é fácil se perder em meio às expectativas externas, confundindo nosso verdadeiro chamado com o desejo de atender aos padrões da sociedade.

No entanto, o propósito não é algo que se encontra apenas em grandes feitos. Muitas vezes, ele se revela nas pequenas coisas, nas ações cotidianas que realizamos com intenção e significado.

"O propósito não é o destino final, mas a jornada que trilhamos com consciência." Ao contrário do que muitos pensam, o propósito não precisa ser grandioso; ele pode ser encontrado em gestos simples, no cuidado com o outro, no prazer em realizar um trabalho bem feito, na dedicação a algo que nos traz alegria e paz.

Assim como as abelhas não questionam o valor de seu trabalho – seja ele a construção de uma célula de cera ou a coleta de néctar –, nós também precisamos aprender a valorizar nossas pequenas contribuições. O propósito não se mede pela grandiosidade de nossas realizações, mas pela autenticidade com que vivemos nossas ações.

Propósito e Trabalho: A Dança da Satisfação

Trabalhar sem propósito é como voar sem direção. Muitas vezes, nos encontramos imersos em rotinas que parecem vazias, onde cada tarefa parece uma obrigação desconectada do todo. Isso nos afasta de nossa essência, gerando frustração, desânimo e um profundo sentimento de alienação. É nesse ponto que precisamos nos perguntar: como podemos transformar o trabalho em algo significativo?

O propósito no trabalho é o néctar que alimenta a alma. Quando realizamos algo que está em sintonia com nossos valores e paixões, o trabalho deixa de ser um fardo e se transforma em uma expressão da nossa essência. Isso não significa que todos os aspectos do trabalho serão prazerosos ou fáceis, mas quando há um propósito claro, até os desafios ganham um novo significado.

A história das abelhas nos oferece uma metáfora poderosa para refletirmos sobre essa questão. Cada abelha desempenha uma função específica, desde a limpeza da colmeia até a defesa contra invasores. Para o observador externo, essas tarefas podem parecer triviais, mas para as abelhas, cada ato está intrinsecamente ligado ao bem-estar da colmeia como um todo. O que podemos aprender com isso?

Nosso trabalho, por mais simples ou complexo que seja, faz parte de um sistema maior. Quando compreendemos como nossas ações impactam o coletivo, seja na nossa comunidade, família ou ambiente de trabalho, encontramos um sentido mais profundo em cada tarefa. A chave é perceber o propósito por trás do que fazemos, mesmo nas atividades mais rotineiras.

O Alinhamento Entre Propósito e Ação

Assim como a dança das abelhas segue um padrão perfeito de comunicação e harmonia, nossas vidas também se tornam mais fluidas quando nossas ações estão alinhadas com nosso propósito. Esse alinhamento é o que nos dá clareza, motivação e resiliência para enfrentar os obstáculos. Sem ele, tendemos a agir de forma desconectada, perdendo a direção e a energia vital que nos impulsiona.

Viver com propósito é como dançar ao ritmo do universo, onde cada passo é guiado por uma sinfonia invisível. Quando nos afastamos dessa sinfonia, sentimos uma dissonância interna, como se algo estivesse fora do lugar. Por outro lado, quando nossas ações estão em sintonia com nosso propósito, experimentamos uma sensação de fluidez e conexão com algo maior.

Para alcançar esse alinhamento, é essencial praticar a auto-observação e a introspecção. Pergunte-se: *Quais são as atividades que me trazem verdadeira satisfação? Como posso integrar mais dessas atividades em minha vida diária?* Essa reflexão é um convite para identificar o que realmente nos move e ajustar nossas escolhas em direção a uma vida mais autêntica e significativa.

Curiosidade: As Abelhas e o Propósito Coletivo

Um fato curioso sobre as abelhas é que, ao longo de sua vida, elas desempenham diferentes funções na colmeia. No início, cuidam das larvas e limpam a colmeia. Depois, tornam-se operárias que constroem células de cera, e por fim, assumem a função de coletoras de néctar. Esse ciclo de funções nos lembra que o propósito pode mudar ao longo da vida, e que cada etapa tem sua importância no todo. O propósito não é algo fixo, mas uma dança em constante transformação.

Propósito Como Fonte de Resiliência

Por fim, é importante destacar que o propósito também é uma fonte de resiliência. Quando enfrentamos desafios, é o nosso propósito que nos dá a força para continuar. Ele nos lembra do porquê estamos aqui e do que estamos buscando. Assim como as abelhas trabalham incansavelmente, mesmo em meio às adversidades, nós também encontramos forças no propósito para superar os obstáculos.

Em momentos de dificuldade, é o propósito que nos mantém de pé. Ele atua como um farol, iluminando o caminho quando tudo ao redor parece incerto. *"O propósito é o fogo que mantém a chama da vida acesa, mesmo nas noites mais escuras."*

O Chamado do Propósito

Viver sem propósito é como uma abelha sem direção, voando ao acaso sem saber onde pousar. O propósito é o que nos ancoras e nos guia, permitindo que nossas ações ganhem significado. Quando vivemos de acordo com nosso propósito, encontramos uma sensação de realização profunda que transcende as superficialidades da vida cotidiana. Que possamos, como as abelhas, descobrir e seguir nosso propósito com clareza e dedicação, sabendo que cada passo que damos em direção a ele nos aproxima de uma vida mais plena e significativa.

Capítulo 7: A Morte da Rainha – Lidando com a Perda e a Mudança

A morte chega à colmeia como uma sombra inesperada, mas, paradoxalmente, traz consigo a semente da renovação. Assim como o ciclo de vida e morte da rainha é essencial para a continuidade da colmeia, na vida humana, a perda e a mudança também fazem parte de uma dança cósmica de transformação. Nenhuma abelha escapa da transição inevitável quando a rainha, outrora o centro pulsante da colmeia, cessa sua existência. Há um luto que ecoa no comportamento frenético das operárias, mas também uma força inata de adaptação que faz com que a vida na colmeia continue.

Quando falamos de perda, seja ela da rainha de uma colmeia ou de algo mais íntimo em nossas vidas, nos confrontamos com a impermanência. A psique humana, como a colmeia, precisa se reorganizar após a morte, reconstruir-se para encontrar novos significados. Este capítulo explora a resiliência diante das perdas e como os ciclos de transformação podem nos conduzir a novas formas de existir, tal como as abelhas encontram uma nova rainha e restauram sua ordem.

O Caos da Transição: Quando a Rainha Se Vai

Na colmeia, a morte da rainha gera um período de desordem. As abelhas, acostumadas a seguir seus instintos sob a orientação invisível da rainha, de repente se veem em um vácuo de liderança. É um momento de caos, mas também de uma busca instintiva por renovação. *"Assim como a colmeia precisa reestruturar-se em meio à perda, nós também devemos aprender a lidar com os vácuos emocionais e psicológicos que surgem em nossas vidas."*

A morte, tanto literal quanto simbólica, provoca uma ruptura. Podemos sentir que as fundações da nossa existência estão abaladas, que tudo o que conhecíamos perde seu sentido. Freud referiu-se ao luto como um processo doloroso de trabalho emocional, no qual a mente busca compreender e aceitar a ausência. O luto humano, como o caos das abelhas após a morte de sua rainha, pode nos paralisar momentaneamente, mas também nos convida a olhar para o futuro, para a possibilidade de reorganização e ressignificação.

O Luto como Transformação

Carl Jung acreditava que a morte, tanto física quanto simbólica, é um arquétipo poderoso da transformação. Ele via no luto não apenas a dor da perda, mas a oportunidade de se conectar com o inconsciente e os ciclos maiores da vida. A morte da rainha, para Jung, seria um símbolo de que algo maior está por vir, algo além da compreensão imediata das operárias que buscam desesperadamente uma nova figura central. *"A morte não é o fim, mas um ponto de inflexão no caminho da renovação."* Em nossas vidas, ao lidarmos com perdas, enfrentamos o convite para uma transformação profunda.

Para as abelhas, a transição após a morte da rainha envolve a criação de uma nova rainha, o restabelecimento da ordem e a restauração do propósito coletivo. Para os humanos, o processo de luto pode ser uma jornada rumo a uma nova compreensão de si mesmo e do mundo. À medida que abandonamos o que se foi, começamos a abrir espaço para algo novo.

As Abelhas e a Substituição da Rainha

Uma curiosidade fascinante sobre a morte da rainha é que as abelhas imediatamente iniciam o processo de criar uma nova soberana. Elas selecionam uma larva especial e a alimentam com geleia real, um alimento rico em nutrientes que permitirá que a larva se transforme em rainha. Esse processo nos mostra como, mesmo em meio ao caos, as abelhas possuem um instinto inato de renovação e continuidade. Elas não se detêm na perda, mas rapidamente agem para restaurar a harmonia da colmeia.

Podemos aprender muito com esse comportamento. Muitas vezes, quando passamos por perdas, ficamos presos à dor, incapazes de vislumbrar um futuro sem aquilo ou aquele que perdemos. No entanto, a vida, tal como na colmeia, continua. Precisamos aprender a nutrir novas partes de nós mesmos, dar espaço para o crescimento e para o surgimento de uma nova "rainha" interior – uma nova fonte de força e propósito.

A Psicologia da Mudança

Mudança e perda estão entre as experiências mais desafiadoras para a psique humana. O ser humano, por natureza, tende a buscar segurança, estabilidade e continuidade. No entanto, o fluxo da vida é caracterizado por constantes transições. A morte da rainha na colmeia pode ser comparada a qualquer perda significativa que enfrentamos: o fim de uma fase, a perda de um ente querido, uma mudança inesperada na carreira ou nas circunstâncias de vida. Todas essas experiências nos confrontam com a impermanência.

Sigmund Freud via o luto como um processo de "desapego" dos objetos perdidos. Ele observou que, enquanto estamos ligados emocionalmente a algo ou alguém que perdemos, parte da nossa energia psíquica permanece presa ao passado. O processo de luto, segundo ele, é uma forma de gradualmente recuperar essa energia, para que possamos redirecioná-la para novos objetos e experiências.

As abelhas, com sua capacidade de reorganizar a colmeia, mostram como a mudança pode ser um processo natural de renovação. *"Assim como as abelhas rapidamente buscam uma nova rainha, nós também devemos aprender a buscar novos significados e propósitos após as perdas."* O caos inicial é inevitável, mas ele carrega consigo o potencial para a criação de algo novo.

A Morte Como Parte do Ciclo Natural

Nas tradições espirituais, a morte muitas vezes é vista como um portal para uma nova existência. Na mitologia egípcia, o deus Osíris, após ser morto e despedaçado, foi ressuscitado por Ísis e se tornou o deus dos mortos e da renovação. O mito de Osíris reflete a crença de que a morte é uma passagem para uma nova fase de existência, e não um fim definitivo. A ressurreição de Osíris espelha a forma como a colmeia se reorganiza após a morte da rainha, simbolizando que, na vida, a destruição é frequentemente um prelúdio à criação.

Para nós, seres humanos, a perda e a mudança também fazem parte desse ciclo maior de vida, morte e renascimento. O luto pode nos levar a um estado de profunda introspecção, onde confrontamos nossas vulnerabilidades e limitações. Mas, à medida que avançamos nesse processo, somos levados a descobrir novas forças, novos significados e novas formas de viver.

Prática de Reflexão: Lidando com a Perda

Agora que entendemos que a morte e a mudança são partes inevitáveis da vida, é importante refletir sobre como lidamos com nossas próprias perdas. Pegue um caderno e escreva sobre uma perda significativa que você tenha vivenciado. Pode ser a perda de uma pessoa querida, de uma oportunidade, de uma fase da vida. Descreva como você se sentiu e como reagiu. Você permitiu que o caos tomasse conta ou encontrou maneiras de se reorganizar?

Depois de escrever sobre essa experiência, reflita sobre o que essa perda lhe ensinou. Quais forças ou qualidades você desenvolveu em resposta à perda? Como você pode aplicar esse aprendizado em sua vida atual? Esse exercício é uma forma de reconhecer que, mesmo nas perdas mais dolorosas, existe a semente de algo novo.

Prática de Renovação: Criando Sua Própria "Rainha"

Assim como as abelhas selecionam e nutrem uma nova rainha para restaurar a harmonia da colmeia, nós também podemos encontrar formas de nos renovar após uma perda. O que, em sua vida, precisa ser nutrido agora? Qual parte de você está pronta para crescer e assumir um novo papel?

Escolha uma área de sua vida que precise de renovação e estabeleça um plano de ação para nutri-la. Isso pode significar dedicar mais tempo ao autocuidado, começar um novo projeto criativo, ou investir em relacionamentos que tragam alegria e significado. A chave aqui é reconhecer que, assim como as abelhas criam uma nova rainha, você também pode criar uma nova fonte de força e propósito dentro de si.

A Resiliência da Colmeia e da Mente

A morte da rainha é uma metáfora poderosa para a perda e a mudança que todos enfrentamos ao longo da vida. *"A resiliência não está em evitar a morte ou a perda, mas em aprender a dançar com o caos, a reorganizar-se e a continuar em frente."* Assim como a colmeia sobrevive à morte da rainha e encontra uma nova líder, nós também podemos sobreviver às nossas perdas e nos reestruturar.

A lição que as abelhas nos ensinam é clara: mesmo em meio ao caos, há sempre a possibilidade de renovação. O luto e a mudança são partes essenciais da vida, mas carregam em si o potencial para o crescimento e a transformação.

Capítulo 8: A Harmonia do Todo – O Equilíbrio entre Individualidade e Coletividade

Cada abelha é uma célula do organismo vivo que é a colmeia. E nós, humanos, somos como pequenas faíscas que compõem o vasto cosmos social em que estamos inseridos. Vivemos em uma constante dança entre o desejo de sermos únicos e o impulso de pertencermos a algo maior. Mas onde termina o "eu" e começa o "nós"? O equilíbrio entre a individualidade e a coletividade é uma das questões mais profundas da existência humana, e para compreendê-la, as abelhas nos oferecem uma metáfora rica e instrutiva.

Ao observarmos o comportamento de uma abelha, é fácil supor que ela é apenas uma parte subordinada de um sistema maior. Mas, na realidade, cada abelha tem sua função única e essencial. *O segredo do equilíbrio entre individualidade e coletividade está em reconhecer que o coletivo só floresce quando cada indivíduo cumpre seu papel da melhor maneira possível, mas sem perder de vista o bem maior.* Este capítulo explora essa harmonia intrínseca entre ser e pertencer, à luz da psicologia humana, filosofia e biologia social.

A Importância do Coletivo: A Colmeia como Modelo de Interdependência

A colmeia é um organismo extraordinário, onde a harmonia entre o todo e as partes é vital para sua sobrevivência. Cada abelha trabalha em sincronia com as outras, seja coletando néctar, alimentando a rainha ou defendendo a colmeia. Não há espaço para o ego, mas isso não significa que a individualidade esteja anulada. Pelo contrário, *a contribuição de cada abelha é tão essencial que a ausência de uma delas poderia comprometer a eficácia do todo.*

Na vida humana, esse mesmo princípio se aplica. Aristóteles afirmou que "o homem é um animal social", indicando que a plenitude do ser só pode ser atingida em comunidade. No entanto, a nossa sociedade contemporânea, cada vez mais marcada pelo individualismo, parece ignorar essa interdependência. Acreditamos que ser independentes é o auge do sucesso, mas será que podemos realmente florescer sozinhos?

As abelhas nos mostram que a interdependência é o verdadeiro motor da prosperidade. Sozinha, uma abelha não conseguiria construir uma colmeia, nem sobreviver. Juntas, elas criam algo que transcende a soma de suas partes. *Da mesma forma, somos convidados a refletir: o que podemos construir juntos que não seria possível sozinhos?* O equilíbrio entre individualidade e coletividade não implica em abdicar de quem somos, mas em alinhar nossos esforços pessoais com o bem maior.

O Perigo do Desequilíbrio: Individualismo e a Falta de Conexão

Se o excesso de individualidade pode nos desconectar do grupo, o oposto também é verdadeiro: a total dissolução do "eu" no coletivo pode nos afastar de nossa essência. Friedrich Nietzsche, em sua obra "Assim Falou Zaratustra", defende que a verdadeira grandeza do indivíduo reside em sua capacidade de transcender o ego em direção ao "super-homem", aquele que encontra propósito ao se superar, mas sem negar sua individualidade. *É no equilíbrio entre o "eu" e o "nós" que encontramos a realização plena.*

Contudo, o mundo moderno apresenta desafios nesse sentido. Vivemos em uma época que valoriza o desempenho individual, o sucesso pessoal e a competição. O trabalho em equipe é muitas vezes relegado a um segundo plano. A busca desenfreada por status e reconhecimento nos empurra para o isolamento emocional e social. E o resultado é que, em um mundo repleto de conexões digitais, as pessoas estão cada vez mais solitárias.

A solidão é uma das maiores epidemias da atualidade, e parte dela vem justamente da desconexão com o coletivo. *"Pertencer" é uma necessidade intrínseca da psique humana, e sem essa conexão com os outros, a vida perde parte de seu significado.* Para viver em harmonia, devemos redescobrir o valor da coletividade, sem perder de vista nossa própria singularidade.

Curiosidade: O Fenômeno da Mente Coletiva das Abelhas

Uma curiosidade fascinante sobre as abelhas é o fenômeno conhecido como *mente coletiva*. Quando uma abelha encontra uma fonte de néctar, ela realiza uma "dança" para comunicar às outras abelhas a localização exata da flor. Esse comportamento mostra que, de certa forma, as abelhas funcionam como uma mente única, onde as informações são compartilhadas de maneira fluida e eficiente. Esse conceito de mente coletiva, estudado na biologia social, nos ajuda a compreender a importância de compartilharmos informações e experiências para o bem comum.

Carl Jung, o renomado psicanalista, trouxe essa ideia para o campo da psicologia ao desenvolver o conceito do *inconsciente coletivo*. Para Jung, há uma parte da nossa mente que não é individual, mas compartilhada por toda a humanidade. *"Cada um de nós é uma peça do grande quebra-cabeça da consciência coletiva."* Nossos pensamentos, medos e esperanças estão entrelaçados com os de todos à nossa volta, assim como na colmeia, onde o sucesso de uma abelha depende da colaboração de todas as outras.

O Caminho do Meio: Encontrando o Equilíbrio entre o Eu e o Outro

Para viver em harmonia, é preciso encontrar o equilíbrio entre o eu e o coletivo. Mas como fazer isso? A resposta pode estar na prática consciente de integrar nossas necessidades individuais com as do grupo ao qual pertencemos. Quando contribuímos para o bem-estar do coletivo, também estamos nos nutrindo. A natureza da colmeia nos ensina que cuidar do outro é, em última análise, cuidar de nós mesmos.

Uma das formas de alcançar esse equilíbrio é através da prática da *escuta ativa*. Quando estamos verdadeiramente presentes em nossas interações, sem deixar que o ego tome conta, criamos espaços de cooperação onde todos se beneficiam. *"Escutar é o primeiro ato de compaixão, e compaixão é a ponte entre a individualidade e o coletivo."* Assim como as abelhas ajustam seus comportamentos de acordo com as necessidades da colmeia, podemos ajustar nossas ações e decisões para harmonizar o individual com o social.

A Sabedoria das Abelhas: O Coletivo Não Anula o Indivíduo

Ao refletir sobre o comportamento das abelhas, percebemos que o coletivo só pode prosperar quando cada indivíduo desempenha seu papel de maneira única. *A grande lição é que, para servir ao coletivo, não precisamos abrir mão da nossa essência.* Pelo contrário, quanto mais nos conhecemos e abraçamos nossas particularidades, mais podemos contribuir de maneira significativa para o grupo.

Nietzsche nos lembra que, em última instância, transcender o ego não significa negá-lo, mas integrá-lo em algo maior. Da mesma forma, Jung propõe que o processo de individuação – o caminho para nos tornarmos quem realmente somos – ocorre dentro do contexto coletivo. *"O caminho para o verdadeiro eu passa pela interação com o outro."* Assim como as abelhas, devemos aprender a encontrar nosso lugar dentro da colmeia, sabendo que o que oferecemos ao mundo é único e insubstituível.

Práticas de Equilíbrio: Como Integrar o Individual e o Coletivo

Para aplicar os ensinamentos deste capítulo, proponho duas práticas simples, mas poderosas, que podem ajudar a harmonizar o eu e o coletivo:

1. **Prática de Reflexão: O Papel no Coletivo** Reserve um momento para refletir sobre o papel que você desempenha nos grupos dos quais faz parte – seja na família, no trabalho ou em outras comunidades. Como suas ações afetam o todo? Existe algo que você poderia fazer para contribuir mais efetivamente para o bem coletivo sem perder de vista suas necessidades pessoais?

2. **Exercício de Contribuição: Pequenos Atos de Generosidade** Escolha uma pequena ação que você possa realizar hoje para contribuir com o coletivo. Pode ser algo simples, como ajudar um colega de trabalho ou dedicar tempo à sua comunidade. *Ao fazer isso, observe como o ato de contribuir para o bem-estar do outro também traz um senso de satisfação e conexão interior.*

A Dança entre o Eu e o Nós

No final das contas, o verdadeiro equilíbrio entre individualidade e coletividade é uma dança harmoniosa, onde o "eu" encontra significado no "nós" e vice-versa. Assim como as abelhas vivem para a colmeia, mas também florescem em suas individualidades, nós, humanos, podemos encontrar nosso propósito mais elevado ao harmonizar nossos desejos pessoais com o bem-estar do grupo. Que possamos, como as abelhas, viver essa dança cósmica entre ser e pertencer, sabendo que, no fim, estamos todos interligados em um grande enxame universal de consciência e vida.

Conclusão

Ao longo deste livro, exploramos as lições que as abelhas têm a nos oferecer sobre a mente humana e o modo como vivemos. Desde a organização interna da colmeia até a comunicação precisa e a resiliência diante dos desafios, vimos que esses pequenos seres nos ensinam muito sobre a essência da cooperação, do propósito e da harmonia com o coletivo. As abelhas, em sua simplicidade, revelam uma sabedoria profunda e atemporal, uma sabedoria que transcende o mundo natural e se aplica diretamente ao nosso dia a dia.

O que torna a colmeia um organismo tão eficiente e bem-sucedido não é apenas a soma das suas partes, mas a maneira como essas partes se conectam e interagem para alcançar um objetivo comum. Cada abelha tem uma função específica, e é essa sincronia que permite à colmeia florescer e prosperar. Da mesma forma, nossa vida se torna mais plena e significativa quando encontramos harmonia entre nossas ações individuais e o bem-estar do grupo.

Essa é uma lição essencial que podemos aplicar tanto em nossas relações pessoais quanto profissionais. A harmonia entre o "eu" e o "nós" é a chave para viver em equilíbrio. Precisamos reconhecer que, assim como a abelha não é autossuficiente, também não somos. Nossa força e nosso propósito ganham significado e profundidade quando compreendemos nosso papel dentro de uma estrutura maior, seja na família, no trabalho ou na comunidade.

A cooperação que vemos na colmeia nos ensina a importância de confiar e depender dos outros. Em um mundo que frequentemente valoriza a competitividade e a independência extrema, as abelhas nos lembram de que a verdadeira força está na união, na capacidade de compartilhar e colaborar. Na colmeia, cada abelha trabalha em prol do bem coletivo, e é justamente essa dedicação ao grupo que garante a sobrevivência e o sucesso de todos.

Essa visão nos desafia a reavaliar como lidamos com o trabalho e com nossas relações. Será que estamos colaborando o suficiente? Estamos valorizando as contribuições dos outros? Ou nos deixamos levar por uma visão de mundo que exalta o individualismo acima de tudo? Assim como a colmeia é um sistema em que todas as partes desempenham seu papel com eficiência e propósito, podemos nos inspirar para construir ambientes de trabalho e relações mais saudáveis, onde cada pessoa é valorizada por sua singularidade e contribuição.

Também aprendemos que as abelhas são um exemplo impressionante de resiliência. Elas enfrentam desafios diários — mudanças climáticas, ameaças externas, escassez de recursos — mas continuam a trabalhar incansavelmente, adaptando-se às adversidades e encontrando formas de superar os obstáculos. Essa é uma lição poderosa para todos nós. A vida é cheia de desafios, e muitas vezes somos tentados a desistir diante das dificuldades. Mas, como as abelhas, precisamos aprender a persistir, a adaptar-nos e a encontrar forças nas adversidades para seguir em frente.

A ordem interna da colmeia também nos serve de modelo. Tudo na colmeia tem seu lugar, e essa estrutura bem definida é o que permite que ela funcione de forma tão eficiente. Na nossa vida, precisamos de uma organização interna semelhante. Precisamos saber o que é prioritário, o que merece nossa atenção e como lidar com os diferentes aspectos de nossa existência de maneira ordenada. Sem essa clareza, corremos o risco de mergulhar no caos e na confusão mental, perdendo nosso propósito e nossa direção.

Por fim, talvez uma das maiores lições que as abelhas nos ensinam seja sobre a importância do propósito. Cada movimento na colmeia é guiado por um objetivo claro: a sobrevivência e o bem-estar do grupo. As abelhas não questionam a importância do que fazem; simplesmente seguem sua missão com dedicação e eficiência. E é essa clareza de propósito que lhes dá força e resiliência para superar os desafios.

Em nossas vidas, encontrar um propósito é o que dá sentido às nossas ações, transforma a rotina em algo significativo e nos impulsiona a continuar, mesmo quando as coisas ficam difíceis. Assim como as abelhas sabem que seu trabalho é essencial para o bem da colmeia, precisamos encontrar aquilo que nos motiva, que nos faz sentir parte de algo maior e que nos inspira a dar o nosso melhor todos os dias.

Que a jornada através das páginas deste livro tenha sido uma oportunidade para você refletir sobre o que podemos aprender com a sabedoria das abelhas e como podemos aplicar essas lições em nossas próprias vidas. Seja na busca por um propósito, na valorização da cooperação, na prática da resiliência ou na organização interna, a inspiração que as abelhas nos oferecem é profunda e inesgotável.

Assim como o enxame opera em perfeita sincronia, podemos aprender a harmonizar nossas ações e pensamentos para criar uma vida mais equilibrada e satisfatória. Que possamos encontrar força na união, propósito em nossas ações e resiliência diante das adversidades, sempre buscando crescer e florescer, como as abelhas que seguem dançando sua dança incansável em busca do néctar da vida.

E, acima de tudo, que possamos lembrar que, embora sejamos indivíduos, somos parte de um todo maior. A verdadeira sabedoria está em encontrar o equilíbrio entre ser quem somos e pertencer ao coletivo, reconhecendo que nossa força e nossa felicidade muitas vezes dependem de como nos conectamos com os outros. Essa é a lição final do enxame da sabedoria: a beleza da vida está na interdependência, na cooperação e na dança harmoniosa entre o "eu" e o "nós".

Bibliografia Recomendada

Com base no conteúdo do livro "O Enxame da Sabedoria," aqui está uma bibliografia recomendada que aprofunda temas sobre coletividade, resiliência, comunicação, propósito e psicologia:

1. **"A Sabedoria das Abelhas" - Michael O'Malley**
   Explora como a estrutura da colmeia e o comportamento das abelhas podem ser aplicados à gestão e organização humanas.
2. **"A Psicologia das Massas e a Análise do Eu" - Sigmund Freud**
   Um clássico que explora como a identidade individual é moldada pelo coletivo e a dinâmica de grupo.
3. **"O Poder do Hábito" - Charles Duhigg**
   Discute como hábitos são formados e como padrões repetitivos, como o comportamento das abelhas, podem ser replicados para o sucesso humano.
4. **"O Ciclo da Autossuficiência: Um Guia Prático" - John Seymour**
   Aborda como comunidades naturais, como as colmeias, inspiram formas sustentáveis de viver e se organizar.
5. **"Por Que Fazemos o Que Fazemos?" - Mario Sergio Cortella**
   Um livro que reflete sobre propósito e como encontrar um sentido maior em nossas ações, semelhante ao papel de cada abelha na colmeia.
6. **"Em Busca de Sentido" - Viktor Frankl**

Explora a importância do propósito na vida humana e como a busca por significado pode fortalecer a resiliência.

7. **"Mindset: A Nova Psicologia do Sucesso" - Carol S. Dweck**
   Um estudo sobre a mentalidade de crescimento, essencial para adaptar-se a desafios, similar à resiliência demonstrada pelas abelhas.

8. **"A Ordem Oculta do Mundo: O Poder dos Arquétipos" - Carl Jung**
   Investiga a influência do inconsciente coletivo e a interdependência da psique humana, um conceito relacionado à mente coletiva das abelhas.

9. **"Comunicação Não-Violenta: Técnicas Para Aprimorar Relacionamentos Pessoais e Profissionais" - Marshall B. Rosenberg**
   Sobre a importância da comunicação clara e empática, similar à forma como as abelhas se comunicam dentro da colmeia.

10. **"O Jardim das Aflições: A Vida Humana e Seus Ritmos" - Olavo de Carvalho**
    Reflete sobre ciclos e padrões, e como encontrar equilíbrio, temas que ressoam com a dança organizada das abelhas.

Essas obras proporcionam um entendimento mais profundo dos temas tratados no livro, oferecendo diferentes perspectivas sobre coletividade, resiliência, ordem interna e propósito.

Don't miss out!

Visit the website below and you can sign up to receive emails whenever Albert Kremer publishes a new book. There's no charge and no obligation.

https://books2read.com/r/B-A-ENUPC-VVLDF

BOOKS 2 READ

Connecting independent readers to independent writers.

www.ingramcontent.com/pod-product-compliance
Lightning Source LLC
Chambersburg PA
CBHW061407140726
47997CB00003B/1408